D1214808

Novenario del pueblo católico / diagramación Francisco Chuchoque R. --
   Santa Fe de Bogotá: Panamericana Editorial, 1997.
   xi, 172p.; 16 cm.
   Contenido: Novena y otras devociones de María Auxiliadora; Novena al
Divino Niño Jesús; Novena al Espíritu Santo; Novena a San Marcos de
León; Novena a la Inmaculada Concepción; Novena en honor a la Santísima
Trinidad.
   ISBN 958-30-0289-5
   1.Novenas. I. Novena y otras devociones a María Auxiliadora II. Novena
al Divino Niño Jesús III. Novena al Espíritu Santo IV. Novena a San
Marcos de León V. Novena a la Inmaculada Concepción VI. Novena en
honor a la Santísima Trinidad.
   248.143 cd 15 ed.
   AFZ3625
                                    Biblioteca Luis Angel Arango-CEP.

Novenario

Novenario
del pueblo católico

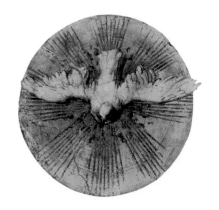

PANAMERICANA
EDITORIAL

Editor
Panamericana Editorial Ltda.

Dirección editorial
Alberto Ramírez Santos

Edición
René Henández Vera

Diagramación y diseño de carátula
Visualizar Diseño

Ilustración de carátula
Correggio. Virgen con el Niño y San Juan Bautista.
Castello Sforzesco, Milán.

Diagramación
Francisco Chuchoque R.

Preprensa Digital
Good Color Graphics

Primera edición, octubre de 1996.
Segunda edición, agosto de 1997.

© 1997 Panamericana Editorial Ltda.
Carrera 35 No. 14-67, Tels.: 2774613 - 2379927, Fax: (57 1) 2774991, 2379880
E-mail: panaedit@anditel.andinet.lat.net
Santafé de Bogotá, D.C., Colombia.

ISBN: 958-30-0289-5

Impreso por Panamericana Formas e Impresos S.A.
Calle 65 No. 94-72, Tel.: 4302110 - 4300355, Fax: 2763008
Quien sólo actúa como impresor.

Contenido

Presentación

El pueblo católico manifiesta su devoción por medio del estudio y conocimiento de la palabra de Cristo y por la realización de actos de fe. Entre estos actos ocupa un lugar destacado la costumbre de dirigir plegarias a Dios, a la Virgen y a los santos como reconocimiento de su intercesión en favor de los hombres. Este es, en términos generales, el sentido de las novenas, o ejercicios de devoción que se realizan durante nueve días seguidos en remembranza, quizás, de los nueve coros angélicos que permanentemente dirigen sus alabanzas al Creador.

Comúnmente las novenas se han visto acompañadas con la elevación, por parte de los fieles, de solicitudes especiales aprovechando la bonda-

dosa intercesión de la Virgen y de los santos. Así mismo, la tradición le ha asignado a los bienaventurados el alivio de dificultades especiales. Es así como la tradición popular indica que ciertos santos y sus respectivas novenas favorecen la obtención de gracias específicas, v. gr.: San Marcos de León otorga a sus fieles el genio apacible; San Antonio es protector de los jóvenes en estado de noviazgo; el Espíritu Santo ilumina a aquellos que se encuentran en confusión, etcétera.

El presente volumen recoge algunas de las novenas que han despertado mayor devoción entre los fieles católicos de todas las épocas. Como es de suponerse, la selección de un grupo de novenas representativas ocupa un espacio que supera las dimensiones de un solo libro. Por esta razón se encuentra en preparación un segundo tomo del presente Novenario, con el fin de presentar un conjunto de novenas lo más completo posible en el marco de la devoción propia de la comunidad católica.

Un elemento adicional de gran valor es el glosario que incluimos al final del libro. En él se incluyen términos que no son de uso frecuente en el *habla diaria y palabras cuya comprensión plena enriquece el sentido de la proclamación de la novena.*

Así pues, invitamos con regocijo al lector del Novenario *a participar con nosotros en la reconfortante experiencia de conocer, difundir y apreciar los actos de devoción que enriquecen nuestra vida espiritual día a día.*

Los editores

Novena y otras devociones a María Auxiliadora

El día 24 de cada mes, para conmemorar la festividad de la Virgen Auxiliadora del 24 de mayo, se celebra con la recepción de los Santos Sacramentos de la Confesión y Comunión y otros devotos ejercicios que ponemos a continuación:

Los que confesados y comulgados asistan a estos cultos (acompañados de la Exposición y Bendición en una Iglesia u Oratorio de Padres Salesianos, o en una Iglesia en que esté erigida canónicamente la Archicofradía de la Virgen Santísima Auxiliadora) lucran indulgencia plenaria, aplicable a los difuntos, orando por las necesidades de la Iglesia y del Romano Pontífice.

Devociones

Triple salutación a la Virgen Auxiliadora

V. Dios mío, atiende a mi socorro.

R. Señor, ayúdame prontamente.

Gloria al Padre, etc.

I

Soberana Señora, hija predilecta del Padre. Vos fuisteis designada por el mismo Dios para ser auxilio poderoso de los cristianos en todas sus necesidades públicas y privadas. Por esto acuden continuamente a Vos los enfermos, en sus enfermedades; los pobres, en sus apuros; los atribulados, en sus aflicciones; los náufragos, en las tormentas; los soldados, en las batallas; los caminantes, en los peligros; los moribundos, en las ansias de la agonía, y todos reciben de Vos consuelo y aliento. Acoged, pues, con bondad mis pobres plegarias, Madre de Misericordia, y cobijándome con vuestro maternal manto, asistidme amorosa en todas mis necesidades, libradme de todo mal, y alcanzadme abundantes gracias para esta vida y sobre todo para la hora de la muerte.

Tres Avemarías y después la jaculatoria: María, Auxilio de los cristianos, ruega por nosotros.

II

¡Oh María Santísima, Madre augusta de mi Salvador y valioso Auxilio de los cristianos! Vos destruisteis las herejías e hicisteis salir victoriosa a la Iglesia en las luchas más encarnizadas. ¡Cuántas personas, cuántas familias, han sido no sólo libradas, sino también preservadas por Vos de las mayores calamidades! En cuanto se implora vuestro auxilio, los enemigos se desbaratan, las enfermedades huyen precipitadamente y la misma muerte se ve obligada a soltar su presa. Concededme, ¡oh María!, una viva confianza en Vos, para que en mis necesidades pueda experimentar que Vos sois verdaderamente el socorro de los necesitados, el amparo de los perseguidos, la salud de los enfermos, el consuelo de los afligidos, el refugio de los pecadores y la perseverancia de los justos.

Tres Avemarías, etc.

III

¡Oh María Auxiliadora: Esposa muy amada del Espíritu Santo y bondadosa Madre de los cristianos! Vedme a vuestras plantas implorando vuestro Auxilio. Libradme, por piedad, del pecado y de las asechanzas de mis enemigos espirituales y temporales; alejad de mí los castigos que he merecido por mis culpas; haced, en fin, que experimente, en mis necesidades, los efectos de vuestra bondad y de vuestro poder.

¡Soberana Señora, cuánto suspiro por el dichoso día en que me será dado contemplaros cara a cara en la feliz mansión del Paraíso! Pero, a veces un funesto pensamiento me asalta y me dice que por mis innumerables pecados, yo no disfrutaré esa dicha. Dulcísima Madre, no permitáis tal desventura; rogad por mí, interceded por mí, alcanzadme de vuestro Jesús un verdadero perdón de mis culpas y la gracia de hacer una buena confesión, a fin de que viviendo en paz los días que me quedan de vida, coronándolos con una dichosa muerte, pueda ir al Cielo a gozar con Vos eternamente. Amén. Así sea.

Tres Avemarías, etc.

Novena

Siempre he puesto toda mi confianza en María Auxiliadora.

S. Juan Bosco

Por la señal de la santa cruz, de nuestros enemigos, líbranos Señor Dios nuestro. En el nombre del Padre y del Hijo y del Espíritu Santo. Amén.

Acto de contrición

Señor mío Jesucristo, Dios y hombre verdadero, creador, Padre y Redentor mío, en quien creo, en quien espero, a quien amo y estimo más que todas las cosas, me pesa haberos ofendido, por ser Vos quien sois, bondad infinita y, ayudado de vuestra gracia, propongo nunca más pecar, confesarme y cumplir la penitencia que me fuere impuesta. Amén.

Oración para todos los días

Santísima Virgen María, Reina de todos los santos y Madre mía, designada por vuestro Hijo expirante en la Cruz para salvar a todos los hombres, acudo a Vos con amor y confianza, pues sois Abogada de los pecadores y auxilio de los cristianos. Alcanzadme, Señora mía, el perdón de mis culpas, un verdadero alivio del dolor, luz y acierto para hacer conseguir la gracia de Dios y, con vuestro auxilio, mi eterna salvación.

Con este fin os ofrezco todos los obsequios de esta novena, que consagro en vuestro honor. Recibidlos, mi buena Madre, y haced que logre la gracia que me he propuesto pediros en el curso de esta novena. Si me conviene para el bien de mi alma, os pido la gracia *(se pide la gracia que convenga)* y deseo Señora mía, que en todo se cumpla la voluntad de Dios; pero bien lo veis, mi buena Madre, cuántas ansias y penas afligen mi corazón; apresurad, pues, vuestro auxilio a tantas necesidades mías. Os lo pido por los méritos de los dolores que sufristeis al pie de la cruz, cuando vuestro Hijo Jesús os constituyó Madre y Auxilio de los cristianos. Amén.

Día primero

¡Oh Santísima María!, Auxilio poderoso de los cristianos que acuden confiados al trono de vuestra misericordia, escuchad las plegarias de un pecador, que implora vuestra asistencia para poder huir siempre del pecado y de las ocasiones de pecar.

Tres Avemarías, etc. Véanse gozos y oración final.

Día segundo

Santísima María, Madre de bondad y de misericordia, que con vuestro visible patrocinio habéis librado tantas veces al pueblo fiel de los asaltos y de la barbarie de sus enemigos, librad, os suplico, a mi alma de las asechanzas del demonio, del mundo y de la carne y concededme en todo tiempo la más completa victoria sobre los enemigos de mi alma.

Tres Avemarías, etc. Véanse gozos y oración final.

Día tercero

Poderosísima Reina de los cielos que sola pudisteis triunfar de las innumerables herejías que pretendían arrancar a tantos fieles del seno, de nuestra Madre la Iglesia; ayudadme, por piedad, a permanecer firme en la fe y conservar puro mi corazón de las asechanzas y del veneno de tan perversas doctrinas.

Tres Avemarías, etc. Véanse gozos y oración final.

Día cuarto

Dulcísima Madre mía, que por vuestros innumerables actos de abnegado heroísmo, merecisteis el título de Reina de los Mártires, dignaos comunicar a mi corazón la fortaleza necesaria para ser constante en vuestro servicio; concededme además la gracia de que, venciendo todo respeto humano, pueda practicar públicamente mis deberes religiosos y gloriarme de ser hijo vuestro hasta la muerte.

Tres Avemarías, etc. Véanse gozos y oración final.

Día quinto

Amada Madre mía, que en el triunfo del gran Pío VII disteis otra prueba de la eficacia de vuestro patrocinio, cobijad bajo vuestro piadoso manto a la Iglesia toda y especialmente a su augusto Jefe, el Sumo Pontífice; defendedle en todo tiempo contra los ataques de sus enemigos, hacedle más llevaderas sus penas, y asistidle siempre para que pueda guiar al puerto la navecilla de San Pedro triunfando de las oleadas que quieren sumergirla.

Tres Avemarías, etc. Véanse gozos y oración final.

Día sexto

¡Oh María!, Reina de los Apóstoles, tomad bajo vuestra valiosa protección a los ministros del altar y a los miembros todos de la Iglesia Católica; alcanzadles espíritu de unión, de perfecta obediencia al Romano Pontífice y de ardiente celo por la salvación de las almas. Especialmente os suplico que veléis con amorosa asistencia por los misioneros, a fin de que puedan llevar la fe de Jesucristo a todos los pueblos de la tierra, y formar del mundo entero un solo rebaño que conozca por Jefe a vuestro vicario, el Sumo Pontífice.

Tres Avemarías, etc. Véanse gozos y oración final.

Día séptimo

¡Oh María, Madre de piedad y de misericordia!, que con vuestra intercesión habéis librado tantas veces a los cristianos de la peste, de la guerra y de otras calamidades, acudid

en nuestro socorro y libradnos ahora de la irreligión y del vicio que, por medio de la prensa, de las asociaciones y de las escuelas impías, a tantos alejan de la Iglesia y de la virtud. Madre mía, animad a los buenos para que perseveren; fortaleced a los débiles y haced que se conviertan los descarriados y los pecadores a fin de que, triunfando la verdad aquí en la tierra y estableciéndose el reinado de Jesucristo, sea mayor vuestra gloria y mayor el número de los elegidos del cielo.

Tres Avemarías, etc. Véanse gozos y oración final.

Día octavo

¡Oh María, Columna Espiritual de la Iglesia y Auxiliadora de los cristianos! Os suplico me alcancéis la perseverancia en el bien y la libertad de los hijos de Dios. Por mi parte, os prometo no manchar ni encadenar mi alma con el pecado, no afiliarme a ninguna sociedad secreta y aborrecer la masonería, condenada por la Santa Sede. Es mi deseo, Madre mía, obedecer al Sumo Pontífice y a los Obispos que están en comunión con él, y vivir y morir en el seno de la religión católica, en la cual tengo la seguridad de salvar mi alma.

Tres Avemarías, etc. Véase gozos y oración final.

Día noveno

Piadosísima Madre mía, que en todo tiempo quisiste ser la Auxiliadora de los cristianos, asistidme con vuestro poderosísimo patrocinio durante mi vida pero especialmente en la hora de la muerte y haced que después de haberos amado y honrado en la tierra, pueda cantar vuestras misericordias en el cielo.

Tres Avemarías, etc. Véanse gozos y oración final.

Gozos a María Auxiliadora

Coro:

Consuelo del cristiano
María Auxiliadora
el alma que te implora
escucha con piedad.

A Ti, cuya potencia,
del sarraceno impío
venciendo el poderío,
salvó la cristiandad;
rogamos que hoy la salves
del vicio y la mentira;
de Dios calma la ira,
destruye la maldad.

La nave de San Pedro
en esta mar bravía
con mano fuerte guía
al puerto hasta llegar.
Sostén al gran piloto,
protege al Padre Santo,
sobre él tiende tu manto,
que es manto tutelar.

Consuelo, etc.

Confunde a los malvados
que, dueños de la tierra,
a Cristo hacen la guerra
siguiendo a Lucifer;
que tu cetro poderoso
derrote sus legiones;
ondulen tus pendones
triunfantes por doquier.

Cual planta delicada
que la corriente mece
en este mundo crece
la tierna juventud;
¡Oh Madre!, no permitas
que se aje su belleza:
concédele pureza
y amor a la virtud.

Consuelo, etc.

Enséñale amorosa
los místicos raudales,
de vida manantiales,
que brotan del altar;
condúcela al banquete
de santidad venero

y guste del Cordero
que es célico manjar.

Acude en mi socorro,
¡Oh Virgen Poderosa!
Si pérfida me acosa
maligna tentación,
ahuyenta del demonio
el silbo traicionero,
servirte sólo quiero:
te doy mi corazón.

Consuelo, etc.

Alábante por siempre,
auxilio del cristiano,
la lengua del humano,
y el alto serafín;
tu nombre lo repitan
los ecos del torrente
y en alas del ambiente
resuene en el confín.

Inclínense los cielos
al ver tu hermoso talle,
la palma allá en el valle

inclínese también;
los hombres te saluden
tres veces cada día
y en grata melodía
te den el parabién.

Consuelo, etc.

Las súplicas atiende
de tus fieles devotos,
despacha nuestros votos
¡Oh Madre de bondad!;
la gracia que te imploro
otórgame clemente;
de dones eres fuente
y fuente de piedad.
Jamás se oyó del mundo,
en la extendida esfera,
que alguno a Ti acudiera
sin ver tu compasión;
por eso hoy a tu trono
me acerco con confianza,
pues sé que mi esperanza
no encierra una ilusión.

Consuelo, etc.

Del cielo la vereda
enséñame cual faro;
feliz bajo tu amparo
mi vida ha de pasar;
sin miedo a las borrascas
iré cual navecilla
en la celeste orilla
tu rostro a contemplar.

Mas antes, en el día
de mi postrera hora,
María Auxiliadora,
tu auxilio invocaré
y entonces confiado
envuelto entre tu manto
con sueño dulce y santo
en paz me dormiré.

Consuelo, etc.

Oración final

María Santísima, Madre de bondad y misericordia, quien a menudo librasteis al pueblo cristiano de los asaltos y ferocidades de los enemigos, libertad, os suplicamos, nuestras almas de las acometidas del demonio, del mundo y de la carne y haced que podamos en todo tiempo alcanzar completa victoria sobre nuestros enemigos. Así sea.

María, Auxilio de los cristianos, ruega por nosotros.

Petición a la Santísima Virgen

Prosternado a vuestros pies y avergonzado de mis culpas, pero lleno de confianza en Vos, ¡Oh Madre Auxiliadora!, os suplico recibáis la oración que mi corazón quiere dirigiros: es para mis últimos momentos que yo vengo a solicitar vuestra bondadosa protección y vuestro amor maternal, a fin de que en ese momento decisivo puedas hacer por mí todo lo que vuestro afecto os sugiera. Yo os consagro las dos últimas horas de mi vida, ¡querida Auxiliadora!, para recibir mi último suspiro...

Y cuando la muerte haya cortado el hilo de mis días, decid a Jesús, presentándole mi alma: "Yo lo amo". Esta sola palabra será suficiente para procurarme la bendición de Dios y la dicha de veros durante toda la eternidad. ¡Sí Madre mía! En Vos deposito mi confianza; sed mi defensora; velad por mis días y cuando llegue mi última hora, amparadme y haced que tenga la muerte del justo. Cuento con vuestro auxilio y espero que mi confianza no será vana.

¡Oh María! Compadeceos de mi pobre alma.

Y para más obligaros a concederme lo que os pido, os saludo con una Salve.

Novena al Divino Niño Jesús

YO REINARE

La imagen del Divino Niño Jesús ha despertado, tradicionalmente, una gran devoción entre la comunidad católica del mundo, pues evoca la pureza y sencillez del mensaje de Cristo. En Colombia es muy conocida la imagen que se encuentra en la Iglesia del barrio 20 de julio de Santafé de Bogotá, a la cual se le atribuyen innumerables favores y milagros.

Preparación

En el nombre del Padre, del Hijo y del Espíritu Santo. Amén.

Acto de contrición

Jesús mi Señor y Redentor: yo me arrepiento de todos los pecados que he cometido hasta hoy y me pesa de todo corazón, porque con ellos he ofendido a un Dios tan bueno. Propongo firmemente no volver a pecar y confío en que por tu infinita misericordia, me has de conceder el perdón de mis culpas y me has de llevar a la vida eterna. Amén.

Oración para todos los días

Oh Dios, que por amor a nosotros nos has enviado a tu Divino Hijo como nuestro Salvador y Redentor, te pedimos que por la meditación de los misterios de su infancia, se acreciente nuestra fe y abundemos en buenas obras. Por Cristo nuestro Señor. Amén.

Día primero

La palabra de Dios

"En esto se manifestó el amor que Dios nos tiene: en que Dios envió al mundo a su Hijo único para que vivamos por medio de Él". *1 Juan,* 4,9.

Reflexión: Dios nos ha amado siempre. Él no odia ni rechaza a nadie; somos nosotros los que muchas veces lo rechazamos a Él por el pecado. Correspondamos a su amor cumpliendo su santa Ley y aceptando a Jesús en nuestra vida.

Propósito: manifestaré mi amor a Dios haciendo todo el bien que pueda a mi prójimo.

Oración comunitaria: para que los cristianos nos amemos como hermanos. Escúchanos, Señor.

Para que Jesús nos conceda la gracia que le pedimos en esta novena, si es de su divino agrado. Escúchanos, Señor.

Pueden añadirse otras peticiones.

Gozos

Coro:

Oh Divino Niño,
mi Dios y Señor,
Tú serás el dueño
de mi corazón.

Estrofas:

Aquí en tu Santuario
con fe y oración,
te pedimos todos
nuestra conversión.

Pequeños y grandes,
en gran procesión,
venimos alegres
a hacerte oblación.

Los jóvenes todos,
con gran persuasión,
radiantes de anhelos
van al Salvador.

Que nuestras familias,
como en Nazaret,
sus grandes virtudes
puedan conocer.

Que amemos a todos
nos manda el Señor,
con todas las fuerzas
que amamos a Dios.

Que al fin de mi vida
con tu protección,
tenga yo la dicha
de mi salvación.

Padre Nuestro, Ave María y Gloria.

Propósito: procuraré colaborar con Dios anunciando el Evangelio a las personas con quienes vivo.

Oración comunitaria: con gran confianza hagamos nuestras peticiones a Dios:

Para que todos nosotros seamos testigos de Cristo y sus apóstoles ante nuestros semejantes. Escúchanos Señor.

Para que el Divino Niño nos conceda la gracia que le pedimos en esta novena, si es de su agrado. Escúchanos, Señor.

Pueden añadirse otras peticiones.

Gozos: como en el día primero.

Padre Nuestro, Ave María y Gloria.

Oración final

Jesús mío, ayúdanos a cumplir nuestro compromiso bautismal de seguir tu Evangelio como norma de nuestra vida y de enseñarlo a los demás. Tú que vives y reinas por los siglos de los siglos. Amén.

Día tercero

Preparación: como en el día primero.

La palabra de Dios

"Cuando, según la Ley de Moisés, se cumplieron los días de la purificación de ellos, llevaron a Jesús a Jerusalén para presentarlo al Señor". *Lucas 2, 22.*

Reflexión: es muy cristiana la costumbre de llevar los niños al templo para presentarlos al Señor, pero que esta presentación sea para confirmar más el solemne compromiso contraído cuando los mandamos bautizar: el enseñarles a ser buenos cristianos con la palabra y, de manera especial, con el buen ejemplo.

Propósito: procuraré esforzarme para que los niños de mi hogar sean educados cristianamente.

Oración comunitaria: confiadamente hagamos nuestras peticiones a Dios:

Para que los padres de familia y los padrinos cumplan con su solemne compromiso de educar cristianamente a los niños. Escúchanos, Señor.

Para que Jesús nos conceda la gracia que le pedimos en esta novena, si es de su agrado. Escúchanos, Señor.

Pueden añadirse otras peticiones.

Gozos: como en el día primero.

Padre Nuestro, Ave María y Gloria.

Oración final

Oh Jesús, Maestro Divino de los hombres, ilumina a los padres de familia y a todos los encargados de la educación cristiana de los niños y de los jóvenes, para que cumplan con la sublime misión que Él les ha encargado. Amén.

Día cuarto

Preparación: como en el día primero.

La palabra de Dios

"Simeón les bendijo y dijo a María, su madre: Éste está puesto para caída y elevación de muchos en Israel, y para ser señal de contradicción –¡y a ti misma una espada te atravesará el alma!– a fin de que queden al descubierto las intenciones de muchos corazones". *Lucas 2,* 34-35.

Reflexión: San Agustín decía: "El que te creó sin Ti, no te puede salvar sin mí". Dios no nos puede llevar al cielo si nosotros no queremos: respeta nuestra libertad. Aceptemos voluntariamente la salvación que Jesús nos ofrece.

Propósito: me propongo firmemente ante Dios, mi Salvador, ordenar mejor mi vida, de modo que mis actuaciones y pensamientos faciliten a Jesús su labor de salvarme.

Oración comunitaria: expongamos a Dios nuestras necesidades como un hijo a un padre amoroso:

Para que nosotros no abusemos de nuestra libertad. Escúchanos, Señor.

Si conviene para nuestra salvación, el Señor nos conceda la gracia que le pedimos. Escúchanos, Señor.

Pueden añadirse otras peticiones.

Gozos: como en el día primero.

Padre Nuestro, Ave María y Gloria.

Oración final

Jesús mío: Tú que eres el camino, la verdad y la vida, ayúdame para que, venciendo mi soberbia, cumpla con el compromiso contraído en el bautismo de creer en Ti y de seguirte por toda mi vida. Amén.

Día quinto

Preparación: como en el día primero.

La palabra de Dios

"Al cabo de tres días lo encontraron en el templo sentado en medio de los maestros, escuchándoles y preguntándoles; todos los que le oían, estaban estupefactos por su inteligencia y sus respuestas.

Cuando le vieron quedaron sorprendidos y su madre le dijo: Hijo, ¿por qué nos has hecho esto? Mira, tu padre y yo, angustiados, te andábamos buscando. Él les dijo: ¿Y por qué me buscabais? ¿No sabíais que yo debía estar en las cosas de mi Padre? Pero ellos no comprendieron la respuesta que les dio. Bajó con ellos y vino a Nazaret, y vivía sujeto a ellos. Su madre conservaba cuidadosamente todas las cosas en su corazón.

Jesús progresaba en sabiduría, en estatura y en gracia ante Dios y ante los hombres". *Lucas 2,* 46-52.

Reflexión: la Sagrada Familia es el modelo para las familias cristianas: los padres no solamente deben proveer el alimento, vestido e instrucción de sus hijos; sino que deben tener en cuenta que son educadores, especialmente en la fe. Deben enseñar a sus hijos a cumplir sus deberes para con Dios y para con el prójimo.

Los hijos, por su parte, siguiendo el ejemplo del Niño Jesús, deben tener cariño a sus padres y ser dóciles a sus enseñanzas, para que puedan formarse como buenos ciudadanos y buenos cristianos.

Propósito: me esforzaré para que en mi hogar reinen el amor y la comprensión que reinaban en el hogar del Niño Jesús.

Oración comunitaria: por mediación de Jesús hagamos nuestras peticiones a Dios nuestro Señor.

Para que en nuestros hogares florezcan las virtudes del hogar del Niño Jesús. Escúchanos, Señor.

Para que, si Dios lo juzga conveniente, nos conceda la gracia que le pedimos en esta novena. Escúchanos, Señor.

Pueden añadirse otras peticiones.

Gozos: como en el día primero.

Padre Nuestro, Ave María y Gloria.

Oración final

Oh Jesús, bendice nuestras familias para que los padres sean más responsables en su delicada misión y para que reinen más amor y más comprensión entre padres e hijos. Amén.

Día sexto

Preparación: como en el día primero.

La palabra de Dios

"Le presentaban unos niños para que los tocara; pero los discípulos les reñían. Mas Jesús al ver esto, se enfadó y les dijo: Dejad que los niños vengan a mí, no se lo impidáis, porque de los que son como éstos, es el Reino de Dios. Yo os aseguro: el que no reciba el Reino de Dios como niño, no entrará en él. Y abrazaba a los niños y los bendecía imponiendo las manos sobre ellos". *Marcos 10,* 13-16.

Reflexión: el mensaje que Jesús trae para nosotros en el día de hoy es éste: que recibamos con gusto, sencillez y buena voluntad la Palabra de Dios, sin ponerle trabas a la acción divina, convencidos de que Dios nos ama y que su palabra trae para nosotros un mensaje de salvación. Dios es un Padre amoroso que no quiere la condenación del pecador, sino que éste haga esfuerzo por arreglar su vida y se salve.

Propósito: leeré con frecuencia el Santo Evangelio; meditaré en las enseñanzas que me imparte Jesús y me esforzaré en ordenar mi vida según esas enseñanzas.

Oración comunitaria: iluminados por la Palabra de Dios, hagámosle con mucha fe nuestras peticiones:

Para que Jesús nos haga dóciles a sus divinas enseñanzas. Escúchanos, Señor.

Para que, si es de su agrado, el Señor nos conceda lo que le pedimos en esta novena. Escúchanos, Señor.

Pueden añadirse otras peticiones.

Gozos: como en el día primero.

Padre Nuestro, Ave María y Gloria.

Oración final

Te pedimos Señor, que nos ayudes a convencernos de que para conocer a Cristo, necesitamos leer con devoción el Santo Evangelio que debe ser norma de nuestra vida. Te lo pedimos por Cristo, Nuestro Señor. Amén.

Día séptimo

Preparación: como en el día primero.

La palabra de Dios

"En aquel momento se acercaron a Jesús los discípulos y le preguntaron:¿Quién es, pues, el mayor en el Reino de los Cielos? Él llamó a un niño, le puso en medio de ellos y dijo: Yo os aseguro: si no cambiáis y os hacéis como los niños no entraréis en el Reino de los Cielos. Así pues, quien se haga pequeño como este niño, es el mayor en el Reino de los Cielos". *Mateo 18,* 1-4.

Reflexión: Jesús no nos exige que seamos ya perfectos sino que trabajemos por ser mejores; que dominemos nuestro orgullo y reconozcamos humildemente nuestros pecados; que cambiemos nuestro modo equivocado de pensar y de actuar. Él siempre nos ofrece su amor y su perdón.

Propósito: dedicaré todos los días un momento para examinar mi conciencia y trataré de corregir mis defectos con mi esfuerzo personal y la ayuda de Dios.

Oración comunitaria: confiados en la bondad de Dios, hagámosle nuestras peticiones:

Para que nos resolvamos a renovar nuestra vida espiritual y nuestras relaciones con nuestro prójimo. Escúchanos, Señor.

Para que, si es de su agrado, Jesús nos conceda la gracia que le pedimos en esta novena. Escúchanos, Señor.

Pueden añadirse otras peticiones.

Gozos: como en el día primero.

Padre Nuestro, Ave María y Gloria.

Oración final

Señor, mira nuestra debilidad y nuestra inconstancia y concédenos con el auxilio de tu gracia que, a ejemplo de tu Hijo Jesús, crezcamos cada día en amor a Ti y a nuestro prójimo, sin descuidar nuestro progreso humano y cultural. Por Cristo, Nuestro Señor. Amén.

Día octavo

Preparación: como en el día primero.

La palabra de Dios

"Y el que recibe a un niño como éste en mi nombre, a mí me recibe. Pero al que escandalice a uno de estos pequeños que creen en mí, más le vale que le cuelguen al cuello una de esas piedras de molino que mueven los asnos y le hundan en lo profundo del mar ¡Ay del mundo por los escándalos!" *Mateo 18, 5-7.*

Reflexión: Jesús dice en otra parte del Evangelio: "Brille así vuestra luz delante de los hombres, para que vean vuestras buenas obras y glorifiquen a vuestro Padre que está en los cielos". *Mateo 5, 16.*

Los hijos, especialmente los pequeños, imitan el ejemplo de los mayores y, en primer lugar el de los padres de familia. El matrimonio es sagrado porque fue Dios el que lo instituyó y por eso mismo su misión es sagrada ante Dios, ante la Iglesia y ante la sociedad, en la educación integral de sus hijos. Pensemos si nuestras actitudes son educativas para los niños que viven con nosotros.

Propósito: Jesús nos advierte a los cristianos que, a semejanza suya, debemos ser luz de buen ejemplo para todos.

Oración comunitaria: dialoguemos con Dios, Nuestro Señor, y expongámosle nuestras peticiones:

Para que seamos capaces de representar dignamente a Jesús en todas partes. Escúchanos, Señor.

Para que, si el Señor lo juzga conveniente, nos conceda la gracia que le pedimos en esta novena. Escúchanos, Señor.

Pueden añadirse otras peticiones.

Gozos: como en el día primero.

Padre Nuestro, Ave María y Gloria.

Oración final

Oh Jesús, Tú que siempre has sido el bienhechor de la humanidad, ayúdanos con tu divina gracia para que, a semejanza tuya, con nuestras buenas obras demos buen ejemplo a todos. Amén.

Día noveno

Preparación: como en el día primero.

La palabra de Dios

"El ángel del Señor se apareció en sueños a José y le dijo: levántate, toma contigo al niño y a su madre y huye a Egipto; allí estarás hasta que te avise. Porque Herodes va a buscar al niño para matarle.

"Él se levantó, tomó de noche al niño y a su madre y se retiró a Egipto; y allí estuvo hasta la muerte de Herodes; para que cumpliera la profecía del Señor por medio del profeta: De Egipto llamé a mi Hijo". *Mateo 2,* 13-15.

Reflexión: Dios, desde toda la eternidad movido por su amor al hombre, tiene elaborado un plan para salvarlo. Con el abuso de su libertad, el hombre obstaculiza este plan de salvación. Nuestro deber es colaborar con el mismo. Dios siempre cumple lo que promete. Nosotros con frecuencia no cumplimos.

Propósito: voluntariamente voy a colaborar con Dios en mi propia salvación y en la de los demás.

Oración comunitaria: con confianza de hijos, dirijamos a Dios, nuestro Padre, nuestras peticiones:

Para que Jesús nos ayude a hacer buen uso de nuestra libertad. Escúchanos, Señor.

Para que, si es de su agrado, nuestro buen Jesús nos conceda la gracia que le pedimos en esta novena. Escúchanos, Señor.

Pueden añadirse otras peticiones.

Gozos: como en el día primero.

Padre Nuestro, Ave María y Gloria.

Oración final

Oh Jesús mío, que no quieres la perdición del pecador sino que se convierta y viva, ayúdanos con tu divina gracia para que comprendamos que la observancia de tus divinos mandamientos nos lleva a la felicidad temporal y eterna. Amén.

Gozos para la fiesta del Niño Jesús

Para el primer domingo de septiembre.

Letra del P. Juan Sierra, Salesiano

Coro:

A Ti venimos, Niño Divino,
de nuestras almas Rey y Señor;
bendícenos, bendícenos,
que no nos falte tu bendición (bis).

Estrofas:

Niño Divino que de los cielos
bajaste en prenda de un gran amor,
haz que aprendamos, según tu ejemplo,
a honrar al Padre, nuestro Creador.

Guía nuestra vida, Niño Adorado,
y haz que dejemos de obrar mal;
que en las familias siempre sepamos,
padres y hermanos vivir en paz.

Que en la alegría y amor fraterno,
de nuestra patria reine tu amor;
para que todos por igual sientan
tus bendiciones con gran fervor.

Con tus bracitos, abiertos siempre,
Niño Divino mi Redentor,
los corazones como la mente,
sientan presente tu tierno amor.

En nuestra vida y en nuestra muerte
amable hermano, Dios Salvador,
que te sigamos con ansia fuerte,
cumpliendo todos nuestra misión.

Oración al Divino Niño Jesús

Aconsejada por el Padre Juan del Rizzo, Salesiano, fundador de la Parroquia del Divino Niño Jesús.

Jesús mío, mi amor, mi hermoso Niño, te amo tanto... Tú lo sabes, pero yo quiero amarte más: haz que te ame hasta donde no pueda amarte más una criatura: que te ame hasta morir.

Ven a mí, Niño mío; ven a mis brazos, ven a mi pecho, reclínate sobre mi corazón un instante siquiera, embriágame con tu amor. Pero si tanta dicha no merezco, déjame al menos que te adore, que doblegues mi frente sobre el césped que huellas con tus plantas, cuando andas en el pastoreo de tu rebaño.

Dulce Jesús mío, Divino Niño de mi alma: dime una vez que sí me amas y dame en prenda de amor, de amor eterno, tu santa Bendición.

Padre Nuestro, Ave María y Gloria.
Comulgar nueve Domingos.
Socorrer a los pobres.

Divino Niño Jesús
Súplica para tiempos difíciles

Tengo mil dificultades:
ayúdame.

De los enemigos del alma:
sálvame.

En mis desaciertos:
ilumíname.

En mis dudas y penas:
confórtame.

En mis soledades:
acompáñame.

En mis enfermedades:
fortaléceme.

Cuando me desprecien:
anímame.

En las tentaciones:
defiéndeme.

En las horas difíciles:
consuélame.

Con tu corazón paternal:
ámame.

Con tu inmenso poder:
protégeme.

Y en tus brazos al expirar:
recíbeme.

Amén.

Novena al Espíritu Santo

Entre las muchas manifestaciones del Espíritu Santo, su presentación bajo la forma de una paloma blanca, (Mateo 3, 16-17; Marcos 1, 9-11), simboliza la luz que irradia el mensaje de Dios a los hombres. La devoción al Espíritu Santo es una forma de solicitar su favor para iluminar los pensamientos y acciones del cristiano. Así mismo, se elevan peticiones al Espíritu Santo con el fin de solicitar el favor y la gracia divinas en medio de decisiones de gran importancia.

Novena al Espíritu Santo

Por la señal, etc.

Ven, oh Santo Espíritu: llena los corazones de tus fieles y enciende en ellos el fuego de tu amor.

V. – Envía tu Espíritu, y las cosas serán creadas.

R. – Y renovarás la faz de la Tierra.

Oración

Oh Dios, que con la claridad del Espíritu Santo iluminaste los corazones de los fieles, concédenos este mismo Espíritu para obrar con prudencia y rectitud y gozar siempre de sus consuelos inefables. Por Jesuscristo, Nuestro Señor. Amén.

Oración para todos los días

Oh divino amor, oh lazo sagrado que unes al Padre y al Hijo, Espíritu todopoderoso, consolador de los afligidos, penetra en los profundos abismos de mi corazón. Derrama tu refulgente luz sobre estos lugares incultos y tenebrosos y envía tu dulce rocío a esta tierra desierta, para reparar su larga aridez. Envía los rayos celestiales de tu amor hasta el fondo más misterioso del hombre interior, a fin de que, penetrando en él, enciendan el vivísimo fuego que consume toda debilidad y toda languidez. Ven, pues, ven, dulce consolador de las almas desoladas, refugio en los peligros y protector en las tribulaciones. Ven, Tú que lavas las almas de sus manchas y curas sus heridas. Ven, fuerza del débil y apoyo del que cae. Ven, doctor de los humildes y vencedor de los orgullosos. Ven, padre de los huérfanos, esperanza del pobre y vida del que comenzaba a languidecer. Ven, estrella de los navegantes y puerto de los náufragos. Ven, fuerza de los vivos y última esperanza de los que van a morir. Ven, oh Espíritu Santo. Ven, y ten misericordia de mí. Dispón de tal suerte mi alma y condesciende con mi debilidad con tanta dulzura, que mi pequeñez encuentre gracia delante de tu grandeza infinita, mi impotencia fuerza, y mis ofensas la multitud de tus misericordias; por Nuestro Señor Jesucristo mi Salvador, que con el Padre vive y reina en tu unidad por todos los siglos de los siglos. Amén.

(San Agustín, *Meditaciones,* IX)

Día primero

¿Qué debo hacer para hallarte,
Dios mío?

¿Qué debo hacer para hallarte, oh Dios mío, a Ti que eres mi verdadera vida? Buscarte a Ti es buscar la vida bienaventurada. Plegue a tu misericordia inspirarme el deseo de buscarte siempre porque, así como mi alma es la vida de mi cuerpo, del mismo modo Tú, Señor, eres la vida de mi alma.

Oh, verdad, luz de mi corazón, sé tú la que me conduzca y no mi propio espíritu, que no es más que tinieblas. Me he dejado arrastrar al torrente de las cosas que pasan, y pronto se halló mi inteligencia cubierta de una profunda noche.

Más en este estado de oscuridad no he dejado de amarte; en mi extravío me he acordado al fin de Ti. He oído, a lo lejos, tu voz que me llamaba. Apenas ¡ay! la he oído, a causa del ruido que mis pecados hacían en mi corazón. Sin embargo, la seguí al fin, y héme que vuelvo fatigado, sediento y jadeando a la fuente vivificante que eres Tú mismo. ¡Haz que nadie me impida apagar la sed en esas aguas celestiales! Que beba en ellas para recobrar la vida; porque lejos de Ti hallé la muerte. Yo no puedo vivir sino en Ti solo, ¡oh Dios mío!

(San Agustín, *Confesiones*)

Veni, Sancte Spiritus

Ven, oh Santo Espíritu,
    y del alto empíreo
Un rayo de tu luz dígnate enviar;
    ven, dador de dádivas,
    Padre de los míseros,
Ven, nuestros corazones a inflamar.

Huésped de las almas,
    Dulce refrigerio,
Óptimo y eficaz consolador;
    Bálsamo en el llanto,
    Tregua en la fatiga,
Plácida sombra en festival ardor.

¡Oh luz dichosísima!
    Llena lo más íntimo
De las entrañas en tu pueblo fiel;
    Pues nada en el hombre,
    Sin tu excelso numen,
inculpable ni justo puede haber.

Lava allí lo sórdido,
    Riega lo que es árido,
Sana lo que sufrió golpe mortal;
    Dobla ya lo rígido,
    Arda al fin lo gélido,
Lo descarriado ven a gobernar.

Calma aquí a tus fieles,
    Los que en Ti confían,
De tu sagrado septenario don;
    Dales gracias y mérito;
    Dales feliz éxito.
Y el celestial eterno galardón.

El *Magníficat*

Glorifica mi alma al Señor y mi espíritu ha saltado de regocijo en Dios mi Salvador.

Porque ha mirado la humildad de su sierva, y he aquí que ya todas las generaciones me llamarán bienaventurada.

Porque el que es omnipotente ha hecho en mí grandes cosas; y su nombre es santo.

Y su misericordia se propaga de edad en edad sobre todos los que le temen.

Él desplegó la fuerza de su brazo; disipó los designios que los soberbios formaban en su corazón.

Derribó a los poderosos y ensalzó a los humildes.

Colmó de bienes a los hambrientos; y a los ricos despidió sin cosa alguna.

Levantó a Israel, su siervo, acordándose de su misericordia.

Según había prometido a nuestro padre Abraham y su descendencia, por los siglos de los siglos. Amén.

Oración a Nuestra Señora

Acuérdate, oh piadosísima Virgen María, Hija de Dios Padre, Madre de Dios Hijo y Esposa de Dios Espíritu Santo, que jamás se ha oído decir que ninguno de los que han acudido a tu protección e implorado tu socorro haya sido abandonado.

Animado de esta confianza, oh Virgen de las Vírgenes, vengo a Ti. Gimiendo bajo el peso de mis pecados me prosterno a tus plantas. No despreciéis mis oraciones, oh Madre del Verbo, sino escúchalas y dígnate acogerlas favorablemente.

Siete Padrenuestros con Avemarías y Gloria, para alcanzar todos los dones del Espíritu Santo.

Día segundo

Señor, abre mis ojos.

Oh Luz que veía Tobías, cuando con los ojos cerrados mostraba a su hijo el camino de la vida inmortal; Luz que veía Isaac en el fondo de su corazón cuando, oscurecidos los ojos del cuerpo, contaba a su hijo las cosas futuras; Luz que veía Jacob cuando, instruido interiormente, predecía a sus hijos las cosas del porvenir; Luz invisible para la que están descubiertos los abismos de corazón. Yo sé que las tinieblas se esparcen por las profundidades de mi inteligencia; pero Tú eres Luz. Yo sé que espesa oscuridad se levanta sobre las aguas de mi corazón, pero Tú eres Verdad.

¡Oh Luz venturosa! Tú no puedes ser vista sino por los corazones puros.

"Bienaventurados los corazones puros, porque verán a Dios". *(Mateo 5)*. Lávame, virtud purificante; cura mis ojos, a fin de que pueda contemplarte. Esplendor inaccesible, haz que un rayo de luz eche abajo las escamas de mi antigua ceguedad. Te doy gracias, oh Dios, porque ya veo: dilata mi vista, Señor, dilátala en Ti. Corre el velo de mis ojos para que considere las maravillas de tu Ley.

Gracias te sean dadas, oh Luz mía, porque ya veo, aunque todavía como en un espejo, y en enigma. ¿Cuándo te veré frente a frente? ¿Cuándo vendrá ese día de alegría y de gloria en el que entre en tu admirable santuario, en el que sea saciado mi deseo, y vea al que siempre me ha visto?

(San Agustín, Soliloquios)

Día tercero

Quiero conocerte, oh Dios mío.

Quiero conocerte, oh Dios mío, a Ti que me conoces hasta el fondo de mi corazón. Quiero conocerte, fuerza de mi alma. Muéstrate a mí, consolador mío; ven, plenitud de mi espíritu; quiero verte, luz de mis ojos; quiero hallarte, supremo objeto de mi deseo; quiero poseerte, amor de mi vida, eterna belleza. ¡Consérvate siempre en el fondo de mi corazón, vida bienaventurada y soberana dulzura! Haz que te ame, Dios mío, Creador y refugio mío, dulce esperanza mía en todos mis males! Goce yo de Ti, perfección divina, sin la cual nada hay perfecto. Abre las profundidades de mi oído a tu palabra, "más penetrante que una espada cortante". *(Hebreos 4),* y haz que oiga tu voz. Alumbra mis ojos, Luz incomprensible, a fin de que, deslumbrados con el brillo de tu gloria, no puedan ya ver las vanidades.

Dame, Señor, un corazón que piense en Ti; un alma que te ame; un espíritu que se acuerde de tus maravillas; una inteligencia que te comprenda; una razón que esté siempre adherida fuertemente a Ti. Oh vida, por quien todo respira; vida que me das el ser; vida que eres mi vida, sin la cual yo muero, sin la cual caigo en la aflicción; vida dulce, vida suave, vida siempre presente a mi memoria, ¿dónde estás? ¿Dónde te hallaré, para que me deje a mí mismo y no viva más que en Ti?

(San Agustín, *Soliloquios*)

Día cuarto

Te he amado demasiado tarde.

Te he amado demasiado tarde, belleza siempre antigua y siempre nueva: te he amado demasiado tarde. Tú estabas dentro, y yo fuera; y aquí era donde te buscaba. Tú estabas conmigo y yo no estaba contigo; y tus obras, que sin Ti no habrían existido, me retenían lejos de Ti. Daba vueltas alrededor de ellas buscándote; pero deslumbrado por ellas me olvidaba de mí mismo. Pregunté a la tierra si era mi Dios y me respondió que no; y todos los seres que están en ella, me hicieron la misma confesión. Interrogué a todas las criaturas y me respondieron: nosotras no somos tu Dios: búscale sobre nosotras. Y volví a mí; entré dentro de mí mismo y me dije: ¿y tú quién eres? Yo me respondí: soy un hombre racional y mortal.

Y comencé a discurrir sobre lo que esto significa. Reflexioné acerca de la naturaleza del hombre y dije: ¿de dónde viene tal ser? Señor, mi Dios, ¿de dónde viene, sino es de

Ti? Tú eres quien me ha formado a mí mismo. ¿Quién eres Tú, por quien todo vive, Tú, por quien yo vivo?

¿Quién eres Tú, mi Señor y mi Dios, único poderoso, único eterno, incomprensible, inmenso, que siempre vives y en quien nada muere?

¿Quién eres Tú, y qué eres para mí? Dilo, oh misericordia mía, dilo a tu pobre siervo. Dilo en nombre de tu bondad: ¿qué eres Tú para mí? Di a mi alma: Yo soy tu salud. No me ocultes tu rostro, no sea que muera. Déjame dirigirme a tu clemencia, a mí que no soy más que tierra y ceniza.

Déjame hablar a tu misericordia, pues ella ha sido grande sobre mí. Di, responde, oh misericordia mía, en nombre de tus bondades, ¿qué eres Tú para mí? Y he aquí que has hecho resonar una gran voz en el fondo de mi corazón y has roto mi sordera. Me has iluminado y he visto tu luz y he comprendido que eres mi Dios; he aquí porqué te he conocido. Si te he conocido y he sabido que eres mi Dios. He creído que eres el verdadero Dios y que el que has enviado es el Cristo. Mal haya el tiempo en que no te conocí; mal haya esa ceguedad que me impedía verte; mal haya esa sordera en la que no te oía; mal haya el tiempo en que no te he amado. Te he amado demasiado tarde, oh belleza siempre antigua y siempre nueva. ¡Te he amado demasiado tarde!

(San Agustín, *Soliloquios; Confesiones*)

Día quinto

Mora con nosotros, Señor.

Sí "quédate con nosotros, Señor, porque el día baja, y se hace ya tarde". *(Lucas 24)*. Las olas de las tribulaciones han subido hasta nosotros; las alegrías del fervor se han cambiado en suspiros, y el soplo de las tentaciones ha removido nuestra alma hasta en sus últimos pliegues. "Quédate con nosotros", oh Tú, paz, refugio y consuelo de los corazones atribulados. Nuestros ojos te imploran y nuestra alma alterada suspira por Ti. "Quédate con nosotros, no sea que nuestra caridad se entibie y nuestra luz se extinga en la noche; porque "el día baja y se hace ya tarde".

Ya ha llegado la tarde de mi vida; ya mi cuerpo cede a la violencia de los dolores; la muerte me cerca, mi conciencia se turba, tiemblo al pensamiento de tu juicio Señor!

Se hace tarde; el día declina; quédate con nosotros. "En tus manos entrego mi espíritu" *(Lucas 33).* En Ti solo está mi salud; hacia Ti solo sé levantar mis miradas. "Quédate con nosotros" a fin de que, emancipándose el alma en la tarde de la vida, por medio del fervor, del yugo de las tribulaciones, le preparen la oración y el amor una dulce hospitalidad en el seno de Dios.

(San Bernardo)

Día sexto

Dios mío, ten misericordia de los que no la tienen de sí mismos.

Oh, Señor y Dios mío, cuán grande es la petición que te hago cuando te pido que ames a los que no llaman a tu puerta; y que sanes a los que no solo tienen gusto en hallarse enfermos, sino que trabajan por aumentar sus enfermedades. Tú has dicho, Dios mío, que viniste al mundo a buscar a los pecadores. Éstos son, Señor, los verdaderos pecadores. No consideres su ceguedad: considera solamente la sangre que tu Hijo derramó por nuestra salvación. Ten misericordia de los que no la tienen de sí mismos y, puesto que no quieren ir a Ti, ven tú a ellos, oh Dios mío!

Oh verdaderos cristianos, llorad con vuestro Dios: las lágrimas que derramó no fueron solamente por Lázaro, sino por todos aquellos de quienes Él sabía que no querían resucitar, cuando los llamase en voz alta para que saliesen de sus sepulcros.

Oh Jesús, ¡cuán presentes tenías entonces todos los pecados que he cometido contra Ti! Haz que cesen, Dios mío, haz que cesen, así como los de todo el mundo. Salvador mío, sean tus gritos tan poderosos, que den la vida a esos desgraciados, aunque no te la pidan, así como no te la pidió Lázaro.

Tú hiciste ese milagro en favor de una mujer pecadora. Pues aquí tienes, Señor una que lo es mucho más. Muestra, pues, la grandeza de tu misericordia. Yo te la pido, aunque miserable, para los que no quieren pedírtela. Yo te la pido en su nombre, con la seguridad de que esos muertos resucitarán, tan pronto como empiecen a volver en sí mismos, a conocer su miseria y a pedirte tu gracia.

(Santa Teresa, *Meditaciones*)

Día séptimo

Yo no veo en mí más que imperfección.

Oh Dios de mi alma, Vos que tanta compasión y amor tenéis por ella, habéis dicho: "Venid a Mí, vosotros los que estáis abrumados de pena y de trabajo, y Yo os aliviaré". *(Mateo 11, 28).* "Venid todos los que tenéis sed, y Yo os la apagaré". *(Juan 7, 37).* Oh Vida que dais la vida a todos; fuente celestial de la gracia: no me neguéis esa agua tan dulce que prometéis a todos los que la desean.

Pero, oh Señor y Dios mío, ¿cómo los que tan mal os han servido, y no han sabido conservar lo que les habéis dado, pueden atreverse a pediros nuevos favores? ¿Quién puede fiarse de uno que tantas veces le ha vendido? ¿Qué puede pediros una criatura tan miserable como yo?

¡Bendito sea eternamente el que me da tanto y a quien doy tan poco! Porque ¿qué os da, Señor, un alma que no renuncia a todo por vuestro amor?

¿Y yo no estoy acaso infinitamente distante de haberlo hecho?

Yo no veo en mí más que imperfección y cobardía en tu servicio, y a veces quisiera haber perdido el sentido, para no saber hasta dónde llega el exceso de mi miseria. Vos solo, Señor, sois capaz de remediarla: así os lo suplico; ¡no me neguéis esta gracia, oh Dios mío!

(Santa Teresa, *Meditaciones*)

Día octavo

Oh Dios, cuán pobre es mi alma.

Oh Dios, ¡cuán pobre es mi alma! Es una verdadera nada, de donde sacas poco a poco el bien que quieres derramar en ella: no es más que un caos, antes de que Tú comiences a poner en claro todos sus pensamientos.

Tú comienzas por la fe a introducir en ella la luz, la cual, sin embargo, es imperfecta hasta que no la formas por la caridad, y hasta que Tú, verdadero Sol de Justicia, tan ardiente como luminoso, no la abrases con tu amor.

¡Oh Dios!, loado seas siempre por tus propias obras. No basta haberme iluminado una vez; sin tu socorro vuelvo a caer en mis primeras tinieblas; porque el Sol mismo es siempre necesario al aire que ilumina, a fin de que permanezca iluminado. Cuánta mayor necesidad no tendré yo de que no ceses tampoco de iluminarme, y digas siempre: "¡Hágase la luz!" *(Génesis 1).*

¡Luz eterna! Yo te adoro, yo abro a tus rayos mis ojos ciegos; los abro y al mismo tiempo los cierro, sin atreverme a apartar mis miradas de Ti, por temor de caer en el error y las tinieblas; sin fijarlas demasiado sobre ese brillo infinito, por temor de que "escrutador temerario de la majestad", no sea yo "deslumbrado por la gloria".

(Bossuet, *Elevaciones)*

Día noveno

*Oh Espíritu, no puedes hallar nada
más pobre que mi corazón.*

Señor,¿dónde está tu espíritu, que debe ser el alma de mi alma? No lo siento, no lo encuentro. Yo no experimento en mis sentidos más que fragilidad, ni en mi espíritu más que disipación y mentira; ni en mi voluntad más que inconstancia, repartida entre tu amor y mil vanas diversiones.¿Dónde, pues, está tu Espíritu? ¿Por qué no viene a crear en mí un corazón nuevo, según el tuyo? Oh Dios mío, comprendo que tu Espíritu se digne habitar en esta alma empobrecida, siempre que se abra a Él sin tasa y sin medida.

Ven, pues, oh Espíritu; Tú no puedes hallar nada más pobre, más despojado, más desnudo, abandonado y débil que mi corazón. ¡Oh Espíritu! ¡Oh amor! ¡Oh Verdad!, que eres mi Dios: ámate, glorifícate a Ti mismo en mí.

Novena a San Marcos de León

tos de la redención del género humano, llena de paz mi corazón y guía siempre mis pasos por los senderos de la virtud, siendo mi intercesor ante el trono del Altísimo, para que este novenario me alcance la satisfacción de todas mis necesidades espirituales y muy particularmente la perseverancia en el bien, hasta disfrutar la salvación eterna.

Se rezan tres Credos y la antífona:

Vuestro siervo soy, Señor: dadme entendimiento para conocer lo que queráis que haga, y para practicarlo, porque ya es tiempo de acreditar mi rendimiento más con obras que con palabras.

Día primero

San Marcos, celoso de las verdades evangélicas, tú que en la Ciudad Eterna luchaste sin descanso por secundar los esfuerzos de tu digno maestro el apóstol San Pedro para asegurar el reino de Dios en las conciencias; tú, que de pueblo en pueblo fuiste, amoroso y elocuente, llevando la palabra sagrada como luz ante cuyos fulgores no quedaba en las almas ni la más remota sombra de la noche del paganismo; vuelve hacia mí tu protectora ayuda y recibe mis súplicas para que, por los triunfos de la Cruz y las lágrimas que nuestra Reina y Señora derramó en la calle de la amargura, presente aquellas ante la Divina Majestad cuyas grandezas anhelo alabar por los siglos de los siglos. Amén.

San Marcos: pues tu poder
fue grande contra el pecado,
a tus pies me he prosternado
con fervor para obtener
el perdón tan anhelado.

¡Alabado sea el Santo Evangelista!
¡Alabado sea por todas las naciones!

Padrenuestro, etc.

¡Oh Dios mío!, que elevasteis a tu Santo Evangelista Marcos por la gracia de la predicación del sacratísimo Evangelio, concédeme que me aproveche siempre de tu salvadora doctrina, y que sea protegido por su poderosa intercesión, por mi Señor Jesucristo.

† ΜΑΡΚΟС Ο ΕΥΑΓΓΕΛΙСΤ

Día segundo

*Todo como el primer día,
excepto la oración especial.*

Oración

Afortunado San Marcos, que tuviste la dicha de encontrarte entre los primeros que convirtió a la fe de Cristo el apóstol San Pedro para ser ardiente defensor de la doctrina sublime del Calvario; por los recuerdos de aquella cruenta escena, tan gloriosamente descrita por ti en el Evangelio, inflama mi corazón con el fuego del amor a Nuestro Divino Redentor y a su afligida Madre, Nuestra Señora de los Dolores, a fin de que me sea dado sobrellevar con cristiana paciencia las penalidades de la vida, referir todas mis acciones al mayor brillo de la Majestad de Dios y cantar sus alabanzas, aun en medio de los mayores duelos para hacerlo un día más cerca de los coros evangélicos. Amén.

Día tercero

Todo como el primer día,
excepto la oración especial.

Oración

Dignísimo San Marcos, Apóstol incansable de las verdades celestiales, escogido del Eterno para extender su santo reino sobre la faz del universo: por el milagro que al entrar a Alejandría realizasteis, cicatrizando instantáneamente, mediante la señal de la cruz, la herida que recibió el zapatero Amiano al coser una de sus sandalias, para hacerlo primero cristiano fervoroso y después obispo de aquella ciudad; sana también las heridas que en mi alma ha dejado el pecado, convirtiéndome al servicio entre las borrascas del océano del mundo y llévame al puerto de la bienaventuranza.

Día cuarto

Todo como el primer día, etc.

¡Oh Santo Evangelista!, mártir sublime que por confesar sin respeto humano la augusta fe del Salvador, sufriste con una soga al cuello ser arrastrado por entre los más horribles peñascos a las orillas del mar, préstame las fuerzas necesarias para padecer por mi buen Dios las iras y persecuciones de los perversos, dándole gracias por todas las pruebas sufridas en este valle de lágrimas e, interponiendo los méritos de la copiosa sangre que derramaste para fecundar los campos de la piedad, pide a Nuestro Señor lo que más convenga a mi salvación.

Día quinto

Todo como el primer día, etc.

Benignísimo San Marcos, delicia del Eterno, alegría de la Santísima Virgen, encanto de los ángeles y regocijo de los justos, tú que comprendiste al abrir los ojos a la luz del

Evangelio todos los horrores de las tinieblas del gentilismo; tú que fuiste el faro de las almas en el mar tempestuoso de la maldad, ilumíname a toda hora para que pueda huir de las sombras del pecado que me persiguen y, guiado por tu palabra, salve los terribles escollos que se oponen constantemente al bien de las almas; alcanzadme la sin igual recompensa de llegar rodeado de claridades, a las riberas de la gloria.

Día sexto

Todo como el primer día, etc.

Después de ser arrastrado cruelmente por los lugares más escabrosos, fuiste, oh envidiable Evangelista San Marcos, encerrado en un oscuro calabozo, donde el Señor te concedió la gracia singular de ser confortado por sus ángeles y de recibir la visita del mismo Jesucristo para ofrecerte consuelos y llamarte al Reino Celestial. Vuelve desde allá tus ojos hacia mí, que gimo en el degradante calabozo de mis culpas y, por tu confianza en la misericordia divina, confórtame con el néctar de su santidad y prepárame la ventura de cantar ahora y siempre las alabanzas al Padre, Hijo y Espíritu Santo.

Día séptimo

Todo como el primer día, etc.

Horrorizado con mi maldad con la cual ofendo constantemente a mi Dios, vengo a postrarme ante ti, gloriosísimo San Marcos, para que laves mi corazón en la piscina del Evangelio, a fin de que mis preces sean dignas de ser llevadas a la presencia del Señor. No desoigas mis ruegos, oh Santo Evangelista, mira que es débil mi ser en la lucha contra las tentaciones y necesito tu poderosa ayuda para vencer el espíritu del mal que me cerca por todas partes, interponiéndose en mis caminos; en ti espero, en ti confío, seguro de que tu protección será mi guía para salvar sumiso y contrito, los linderos de la vida y presentarme triunfante en las regiones del empíreo.

Día octavo

Todo como el primer día, etc.

San Marcos, defensa formidable de la Religión del Gólgota, fuente inagotable de caridad para saciar la sed de los que ansían beber el agua de la eterna salud; con la fortaleza del león tú venciste a los impíos que, haciéndote padecer los tormentos más atroces, pretendieron impedir la propagación de la fe emprendida por ti con las armas de tu palabra y tu pluma. Emprende igualmente el rescate de mi alma, sáciame con aquella agua apetecida y haz que siempre venza a los enemigos de Dios y de la Iglesia para ser acreedor y deleitarme por los siglos de los siglos con las melodías de la eterna Sión.

Día noveno

Todo como el primer día, etc.

Oh nobilísimo San Marcos, que posees el poder celestial de mover los corazones inclinándolos hacia lo bueno y justo, si es para mayor gloria de Nuestro Señor y salvación de mi alma, que lo que te he pedido en este novenario me sea concedido y libre el espíritu de toda mancha, para que cifre mi única felicidad en ensalzar a Dios de modo que, alimentado con el sagrado pan del Evangelio, nada puedan contra mí las tribulaciones y, firme en la fe en Jesucristo, logre el asiento que vivamente deseo en el seno de los justos. Amén.

Gozos

Oh glorioso evangelista
San Marcos, foco de amor:
Que tu protección me asista
para ser digno de Dios.

Inspirado por el cielo,
descubriste la pasión
y toda la luz y consuelo
tu Santo Evangelio dio:
haz que mi ser no persista
del pecado en el horror.

Que tu protección, etc.

En tu oscuro calabozo
el Señor te visitó:
¡cuán grande fue tu alborozo
ante aquella aparición!
Tu fe las almas conquista
y les infunde valor.

Que tu protección, etc.

Quemar tu cuerpo pensaron
cuán inspiraste ¡oh dolor!
Pero a quienes lo intentaron
la tempestad dispersó.
¡Salve primoroso artista
de la Santa Religión!

Que tu protección, etc.

Oh glorioso Evangelista
San Marcos foco de amor.

Que tu protección me asista
para ser digno de Dios.

Novena a la Inmaculada Concepción

Uno de los más bellos episodios de la historia cristiana es el misterio de la Inmaculada Concepción, que conmemoramos todos los años el día 8 de diciembre. El misterio se representa por medio de una imagen que evoca la santidad, pureza y bondad de la Santísima Virgen. La novena que ofrecemos a continuación está dirigida a la Inmaculada Concepción de María, como petición de su gracia en favor de aquellos que se encuentran en dificultades o que están viviendo un trance especialmente doloroso.

Oración para todos los días

María, Madre admirable, a tus pies venimos para meditar tus virtudes y celebrar tus alabanzas. Tú vas a hacer durante estos nueve días el objeto de nuestra contemplación. Tú, centro de pábulos de nuestros deseos, muéstrate pues, tan bella y tan perfecta como eres a través del espeso velo de nuestra carne; disipa la niebla de nuestro entendimiento para que te conozcamos, reanima el desmayado corazón para que te cantemos según mereces; subyuga la voluntad rebelde y pervertida a tus santos deseos. Admiración y amor yo no puedo rehusártelos mientras sea capaz; mas para imitarte, oh Señora, necesito el auxilio de la gracia que por tu mano distribuye el Omnipotente. Grandes son mi debilidad y mi miseria; más Tú no querrás que un alma y un corazón que desde hoy se te consagran de veras permanezca fuera de tu amor y de la ley y amor de Jesucristo. Sincero es el don, no rehuses; aceptadlo Tú será santificarlo. Amén.

Día primero

El Altísimo ha santificado
su tabernáculo. Salmo 45, 4.

Madre Inmaculada; tu gloria es sin par como tu pureza sin mancilla y una y otra ceden en esperanza y bien de nosotros infelices tus hermanos en Adán y tus hijos en Jesús. En la general prevaricación primera de que todos nos hicimos reos cábenos el consuelo de tu preservación santísima; una y mil veces nos gozamos en proclamarla y aceptamos como honor común a la humana raza y prenda del valimiento y protección soberana, el que uno de sus miembros permaneciera sin contaminarse, siempre puro, siempre aceptable a los ojos del Señor. Pero, ¿de qué vale celebrar un privilegio, sin cuidarse de conservar la divina gracia? Tú tan Santa, nosotros tan corrompidos; Tú tan vigilante, nosotros tan descuidados; Tú tan fuerte y humilde, nosotros tan débiles y presuntuosos. Madre de Dios y Madre nuestra, no permitas que Él sea ofendido y que nosotros le ofendamos y dadnos un corazón para deshacerse todo en contrición y en arrepentimiento. Amén.

Jaculatoria

Madre Inmaculada, hacedme casto de alma y cuerpo. Madre Inmaculada, dadme fuerza y valor en las tentaciones.

Madre Inmaculada, sed mi confianza en la vida y mi amparo en la hora de mi muerte.

Se formula la petición.

Gozos a la Inmaculada Concepción

Santa Iglesia Universal
Repetid con alegría:
Sois concebida María
Sin pecado original.

Árboles de la montaña
Que alzáis las copas al Cielo.
Nieves, escarchas, hielo
Y bramador vendaval
Bendecid a vuestra Reina
Y repetid a porfía:

Sois concebida María, etc.

Lindas flores de los valles
Y flores de los jardines:
Violetas, rosas, jazmines,
De blancura sin igual,
Exhalad blandos aromas
Y repetid cada día;

Sois concebida María, etc.

Estrellas del firmamento
Blanca Luna, Sol ardiente,
Agua clara del torrente

Tan limpia como el cristal,
Bendecid a Dios del Cielo
Y repetid a porfía:

Sois concebida María, etc.

Apacible primavera,
Crudo invierno, ardiente estío,
Fuego, granizo y rocío
Y asolador temporal.
Ensalzad a nuestra Madre
Y decid con alegría:

Sois concebida María, etc.

Pobres, ancianos, enfermos
Y jóvenes valerosos,
Niños que dormís gozosos
Sobre el seno maternal,
Alzad los ojos al cielo
Y repetid cada día;

Sois concebida María, etc.

Almas nobles fervorosas
En el mundo desterradas,
Vírgenes puras amadas,
Del monarca celestial,

Complaced a vuestro esposo
Repitiendo cada día:

Sois concebida María, etc.

Pueblos todos de la tierra,
Señores de las naciones,
Valerosos campeones
De este valle terrenal,
Doblad con amor la frente
Y repetid a porfía:

Sois concebida María, etc.

Sacerdotes del Eterno,
Pontífices, confesores
Y santos habitadores
De la ciudad eternal,
Repetid mil y mil veces
Llenos de santa alegría:

Sois concebida María, etc.

Espíritus soberanos
Que cercáis nuestros altares,
Ofreced nuestros cantares
Al Rey del Cielo inmortal,
Y ensalzad a vuestra Reina,
Repitiendo cada día:

Sois concebida María, etc.

Día segundo

Toda hermosa eres, [oh, María;] y en Ti no hay ninguna mancha. Cant. 4, 7.

Madre Inmaculada, vaso de honor y predilección que el Eterno llenó de sus gracias hasta el colmo. Cuán grandes son tus designios. Llenaste los designios más altos, apareciste como la obra maestra del poder divino y el más vivo reflejo de sus infinitas perfecciones y cada uno de los instantes de tu vida mortal se exhaló al pie de su trono cual precioso aroma. Míranos, formados de barro quebradizo y trocados en vasos de corrupción por más que sobrenaturales gracias en copiosa medida han llovido también sobre nuestra alma. El Señor, no menos que a Madre suya, te predestinó a ser modelo nuestro en la Tierra y nuestro amparo y defensa en el Cielo. No suceda no, que este título tuyo tan glorioso quede sin cumplimiento respecto de nosotros. Tu destino es ser Madre mía y el mío es ser hijo tuyo. Concédeme que sienta hacia Ti aquel amor que es una prenda casi segura de salvación. Imprime en mí tu imagen como en Ti se imprime la de Dios y tu voluntad, que es la suya, haga que la mía quiera lo que quieres: que esa sería mi perfección y dicha, el logro de mi fin y el descanso eterno de todo mi ser. Tú ocupas el excelso trono que para Ti estaba asentado sobre los coros de los ángeles. Oh, no permitas que por mi culpa quede vacío el lugar que me preparó tu hijo en la patria celestial. Amén.

Día tercero

*Tú has hallado gracia delante
de Dios.* Lucas 1, 8.

Inmaculada y Purísima María Madre de Dios; Vos sois superior a todos los santos y después de Jesucristo, Vos sola habéis hallado gracia delante de Dios en el privilegio de vuestra santa concepción. Oh excelsa Princesa: cubridnos con el manto de vuestra Misericordia: oh Virgen Inmaculada, nos acogemos a la sombra de vuestro amparo y nos cobijamos con vuestro manto y con filial confianza os suplicamos que aplaquéis con vuestras súplicas el enojo de vuestro Hijo, provocado por nuestros pecados, para que no nos desampares y nos dejes en poder del demonio, nuestro cruel enemigo. Oh María llena de gracia, alumbrad nuestro entendimiento, soltad nuestras lenguas para que canten vuestros loores en el misterio de vuestra Inmaculada Concepción. Amén.

Día cuarto

Me elevaré e iré a ver al gran prodigio de que no se quema la zarza. Éxodo 3.

Vos sois, Virgen Purísima aquella única mujer en quien el Salvador halló su descanso y a quien sin reservas franqueó todos sus tesoros. Por esta razón venera la Iglesia vuestra Inmaculada Concepción, privilegio sobre todos los demás, pues en Vos como en templo de Dios se dio principio a la salvación del mundo y se hizo la reconciliación entre Dios y los hombres. Vos sois aquel huerto cerrado, oh gran Madre de Dios, en el cual no entró ser alguno que mancillara vuestra pura alma, sois aquel hermoso jardín en el que puso Dios todas las flores: Vos sois el paraíso de donde salió la fuente de agua viva que fecundizó toda la tierra. Os alabo por los beneficios que habéis dispensado al mundo; Vos sois el manantial por donde se nos comunican todos los bienes y las gracias. Oh Madre mía, alcanzadme lo que necesito para mi salvación. Amén.

Día quinto

Yo soy la flor del campo y el lirio
de los valles. Cant. 2, 1.

Oh Virgen bendita; me complazco de que vengáis al mundo llena de gracia y escogida entre todos los ángeles y santos. Bendigo la infinita misericordia de Dios, quien por Vos nos mostró abiertas las puertas del cielo, que la culpa nos tenía cerradas. Ruégoos, Madre mía, me alcancéis del Señor la gracia de apartarme de las ocasiones de pecado para cantar dignamente vuestras glorias.

Socorrednos, oh misericordiosísima Señora, sin fijaros en la multitud de nuestros
pecados; bien sabéis la necesidad que tene-
mos de nuestra asistencia; a Vos, pues, nos
encomendamos; haced Señora que no nos
perdamos sino que os sirvamos y amemos.
Amén.

Día sexto

*Esta ley de muerte no ha sido dada para
Ti, sino para los demás.* Ester 11, 13.

Cándida azucena de los jardines celestiales.
Purísima María, única privilegiada criatura
que habéis atravesado este valle de dolor sin
ser herida con las espinas de la culpa ni afi-
cionada por la concupiscencia; para quien,
en atención a los méritos de Jesucristo, se
suspendió la fatal ley de la humana naturaleza que alcanza a todos los descendientes
de Adán. Pura y en fin santísima, no sólo
antes de nacer, sino desde el instante mismo de vuestra concepción. Toda la humanidad os saluda, Madre mía y se felicita de

vuestros incomprensibles privilegios viendo en Vos y en ellos la garantía de su restauración. Si Vos, inocentísima, abogáis en favor de esta alma culpable, Jesús que nada sabe negaros, me perdonará. En Vos pues, cifro mis esperanzas de salvación después de Dios: Madre mía, interceded por este infeliz pecador que desea alabaros eternamente en la gloria. Amén.

Día séptimo

Pero a Ti no te daré muerte porque llevaste el Arca del Señor. III Rey 11, *26.*

Purísima, radiante, gloriosa Madre mía, dulcísima alegría de este valle de dolor; os venero como lleno de gracia y de bendición para los hombres, pues sois la causa de nuestra alegría, pues por nuestro medio rasgó Jesucristo la sentencia de muerte mudándola en fuente de bendición. Os saludo, templo de la gloria de Dios, casa sagrada del Rey del Cielo. Vos con Jesucristo reconciliasteis a los hombres con su Dios. Os venero Madre de los pecadores; ciertamente merecéis ser bendita, porque únicamente Vos entre todas las mujeres fuisteis digna de ser Madre de nuestro Creador; en donde, como en purísima escala subieron los suspiros de la tierra y bajaron las esperanzas del cielo. Oh María: si pongo mi confianza en Vos alcanzaré los medios de mi salvación y si me acogéis bajo vuestro dulce amparo, nada temeré porque para vuestros verdaderos devotos sois un escudo impenetrable en los asaltos de nuestros enemigos. Madre de Dios, amparadnos. Amén.

Día octavo

Oh, llegaos a mí, para que os llenéis de la dulzura de mi corazón. Ecle. 24, 21.

Purísima alegría del valle del dolor; Madre de misericordia: aplacad a vuestro Hijo; Vos que estáis en lo más alto del Cielo y todos en el mundo, valle de lágrimas os reconocemos como nuestra abogada. Os rogamos pues, oh Virgen María, que nos concedáis el socorro de nuestras súplicas delante de Dios, súplicas más estimables y preciosas que todos los tesoros de la Tierra, súplicas que obligan al Señor a perdonar nuestros pecados y nos alcanzan abundancia de beneficios; súplicas que ahuyentan a nuestros enemigos y confunden sus proyectos y ataques. Vida y esperanza nuestra, consoladnos, no nos abandonéis a nosotros que confiados nos llegamos a vuestras purísimas plantas. Amén.

Día noveno

Este es el camino;
caminad por él. Isaías 30, *21.*

A vuestras Purísimas plantas, oh Inmaculada Madre de Dios, más bien que las perfumadas flores, ponemos en vuestra era la flor de nuestro corazón; aplacad a vuestro Hijo, socorrednos oh misericordiosísima Señora: acordaos de que nuestro Creador se revistió de carne humana en vuestro casto seno, no para condenar a los pecadores, sino para salvarlos y redimirlos. ¿Acaso podéis olvidar a los hombres siendo vuestros hijos? Ay, no ciertamente. Vos no ignoráis los peligros en que vivimos y el estado miserable en el que se hallan vuestros siervos. No, no está bien a una misericordia tan grande como la vuestra olvidarse de una tan extremada miseria como la nuestra. Reprimid con vuestro poder el furor de nuestros enemigos; pues si Vos nos ayudáis, jamás prevalecerá contra nosotros, pues Dios os ha hecho poderosa en los cielos y en la Tierra. Amén.

Yo soy la llena de Gracia

Soy el Corazón Inmaculado de la Encarnación del hijo de Dios, que viene al mundo a redimir las almas que van por el camino de la perdición. Hoy la fe del mundo está en peligro de glaciación, pero el calor del amor de Cristo debe triunfar sobre aquellos que mucho mal hacen. Es importante que sepan que no vengo a asustaros, sólo vengo a preveniros y os digo, no hay nada que pueda salvar, excepto la fe en mi Hijo y en Mí.

Novena en honor de la Santísima Trinidad

La naturaleza de Dios se ha manifestado a los hombres por medio de la Santísima Trinidad, fuente de vida. Para la comunidad católica la celebración de este Sagrado Misterio es ocasión de gozo y alegría. Así pues, esta novena reconfortará y alentará al devoto, especialmente en aquellos casos en los que solicite la recuperación de objetos perdidos o en los momentos en los que necesite de valor para afrontar circunstancias difíciles.

Sentido de la novena

La fe en la beatísima Trinidad en que cree nuestra católica religión, ser nuestro Dios uno en la esencia y trino en las personas, es tan propia del cristianismo, que reservó la Divina Providencia su noticia, pues la Escritura sólo en figuras reveló la alteza de este misterio. El tiempo de hacer esta novena puede ser cualquiera del año, pues todos los días son del Señor, pero principalmente se podrá hacer nueve días antes de la fiesta de la Santísima Trinidad.

Oración para todos los días

De rodillas delante de alguna imagen de la Beatísima Trinidad se hará con todas veras el acto de contrición y después se dirá:

Augustísima e inefable Trinidad, eterno Dios trino y uno: humildemente postrado ante tu divina presencia como hijo de tu Iglesia Católica, creo y confieso que eres un solo Dios en la esencia y trino en las personas. Yo te adoro Padre ingénito, Hijo unigénito y Espíritu Santo consolador: tres personas distintas y un solo Dios verdadero; deseo alabarte, servirte y amarte como te aman, sirven y alaban los espíritus angélicos que tu sabiduría dividió en tres jerarquías, y cada jerarquía en tres coros, para que fueran sombras de tu Trinidad admirable. Yo te pido me des una fe firme en este altísimo misterio, un aborrecimiento eficaz de toda ofensa tuya (especialmente mortal), un vivísimo dolor a causa de las muchas que contra Ti he cometido y un amor ardentísimo hacia Ti con el cual observe tus divinos preceptos y sólo atienda a agradarte y servirte de modo que merezca verte, como deseo por toda la eternidad, y justamente pido, misericordiosísima Trinidad, me concedas el favor que deseo alcanzar en esta novena, si ha de ser para gloria tuya y bien de mi alma. Amén.

Aquí se rezarán tres Credos y al fin de cada uno el Gloria Patri, etc. Después se dirá la oración para cada día, al final de la cual, se pedirá con firme confianza el favor que se desea alcanzar en esta novena, y se dirá lo siguiente:

Oración

Misericordiosísimo Dios, uno en la esencia y trino en las personas, que me criasteis a imagen y semejanza tuya para que en esta vida te conozca y ame y en la otra te goce eternamente. Yo te suplico por Ti mismo y por los méritos de mi Redentor Jesucristo, no permitas que por la culpa se borre en mi alma tu divina imagen, sino que solo atienda en todos mis pensamientos, palabras y obras a agradarte para que, siendo digna morada tuya, siempre habitéis en mí por la gracia. A Ti, pues, Eterno Padre, que me disteis a tu Hijo para mi remedio y a Ti, Hijo unigénito, que te hiciste hombre para redimirme y a Ti, Espíritu consolador que santificas el alma para hacerla Hija de Dios; a Ti Trinidad divina, con todo afecto te pido me des tus eficaces auxilios para vencer mis desordenadas pasiones y borrar mis culpas por medio de una verdadera confesión. Y que en lo venidero no ame otra cosa sino a Ti, perseverando en tu gracia hasta la muerte. Amén.

Día primero

De rodillas y hecho el acto de contrición se dirá la oración que empieza: "Augustísima, etc." y luego:

Amabilísimo Dios trino y uno, creador amantísimo de los hombres. Yo te ofrezco el ardentísimo amor con que los serafines todos se abrazan en tu purísimo amor y con el cual incesantemente se consagran en encendidos afectos a tu mayor obsequio. ¡Ojalá yo te amara tan fina y puramente como estos amantes espíritus! Concededme amabilísimo Dios, una centella de tu amor, pues los serafines al amarte alaban tu Santidad repitiéndote: Santo, Santo, Santo. Haz que yo solo tenga aprecio a la virtud y santidad y que la conserve en esta vida para merecer amarte con los serafines eternamente en la gloria. Amén.

Día segundo

Sapientísimo Dios trino y uno, fuente y origen de toda verdadera sabiduría: yo te ofrezco la admirable ciencia con que adornaste a los Querubines, para que conociendo tus infinitas perfecciones, te amen y alaben eternamente, por lo que de Ti conocen: concededme, Señor, luz para que conociéndote te admire, alabe y ame únicamente como a quien es digno de ser alabado y amado. Ojalá tuviera yo el conocimiento de estos sabios espíritus, sólo para encender mi voluntad en tu amor y aborrecer todo aquello que Tú aborreces y para que no me pueda apartar de conocerte y amarte eternamente en la gloria. Amén.

Se pide a Dios lo que se desea, etc.

Lo demás como en el primer día.

Día tercero

De rodillas dirá:

Altísimo Dios trino y uno, que tienes tu asiento en los purísimos Tronos: yo te ofrezco la santidad y pureza con que enriquecisteis a estos sublimes espíritus, para que fueran digno solio de tu santidad infinita y para habitar con ellos como en asiento digno de tu inmensa gloria. Concédeme, mi Dios, una pureza y santidad semejantes a las de estos felicísimos espíritus para que habites, perpetuamente en mi alma y mi corazón sea solio de tu majestad.

Ojalá mi pecho fuera un trono de fuego de amor tuyo, que consumiera los infernales ardores de la concupiscencia y estuviera de asiento en él, llenándome todo de tu gracia. Amén.

Se pide, etc.

Día cuarto

Omnipotente Dios trino y uno, absoluto Señor del Cielo y de la Tierra: yo te ofrezco la profunda obediencia con que, rendidas a tu imperio, te obedecen las supremas Dominaciones, ejecutando prontamente en todo tu Divina Voluntad; concédeme, Señor, el perfectísimo dominio sobre todas mis pasiones y desordenados apetitos, una exacta obediencia a tu santísima ley que en nada quebrante tus divinos conceptos que, sujetando mi alma y potencias a tu soberano imperio, no sea esclavo de la culpa, sino que goce el dominio y libertad que gozan los que son hijos tuyos por Tu gracia. Amén.

Se pide, etc.

Día quinto

Clementísimo Dios trino y uno: yo te ofrezco el admirable poder que concediste al coro de las Virtudes con el cual ejecutan a honra y gloria tuya singulares maravillas empleando su virtud únicamente en obras de tu mayor agrado y obsequio. Concédeme, mi Dios, el que yo no malogre la virtud y poder sobrenatural que tan libremente das en tus divinos auxilios y demás dones sobrenaturales, sino que siempre coopere con tu poderosísima gracia, negándome a toda operación ajena de tu soberana virtud y ejecutando solamente obras dignas de hijo tuyo, con las cuales aumente las virtudes y méritos para gozarte en la gloria. Amén.

Se pide, etc.

Día sexto

Fortísimo Dios trino y uno, que adornaste a las potestades angélicas de un singular poder contra el infierno y contra potestades de tinieblas: yo te ofrezco los excelentes merecimientos de estos poderosos espíritus y las admirables victorias que en honor tuyo consiguen sobre los ejércitos infernales y te suplico me concedas poder para servirte y amarte, para vencerme a mí mismo y a los enemigos de mi alma y sujetar la rebeldía de mis pasiones para que, venciendo todas las tentaciones del demonio, me emplee solo en tu divino servicio y gloria. Amén.

Se pide, etc.

Día séptimo

Eterno Rey, Supremo Señor de todas las cosas, Dios trino y uno, que encomendaste a los principados el cuidado y guarda de los reinos: yo te ofrezco los servicios todos con que estos soberanos espíritus atienden por obediencia al cuidado de los reinos de la Tierra, amparándolos y procurando conducirlos a tu conocimiento. Yo te pido me concedas el que sólo domine en el reino de mi alma la razón y tu ley, y que ella no sea esclava vilísima de la culpa y, obedeciendo tu suave imperio, alcance el reino de la gloria. Amén.

Se pide, etc.

126

Día octavo

Misericordiosísimo Dios trino y uno: yo te ofrezco los merecimientos todos de los arcángeles, a los cuales destinaste para la guarda de las ciudades y para embajadores de tus más altos secretos. Concédeme, Señor, tus eficaces auxilios para que conserve la ciudad de mi alma libre del poder del demonio y resista a los continuos asaltos del común enemigo, y que solo reinen tu gracia y amor con los cuales merezca el que me reveles el altísimo misterio de tu Trinidad inefable en la ciudad celestial por toda la eternidad. Amén.

Se pide, etc.

Día noveno

Benignísimo Dios trino y uno, que te dignaste señalar a cada uno de los hombres guarda y defensa del coro de los ángeles: yo te ofrezco las virtudes y méritos de los ángeles todos y el desvelo con que por tu amor defienden y patrocinan a los hombres. Te suplico me concedas el que de tal suerte oiga y ejecute los saludables consejos de mi ángel custodio, que jamás los atropelle quebrantando tu santísima ley, que merezca pasar y verte en su compañía en gloria. Amén.

Se pide, etc.

Dicha la oración Misericordiosísimo Dios, *se dirá todos los días de la novena la antífona:*

Benedicta sancta creatrix et gubernatrix omnium, sancta et individua Trinitas, nunc et semper, et per infinita saecula saeculorum.

V. – *Benedicamus patrem, et filium cum Sancto Spiritu.*

R. – *Laudemos et superexaltemus eum in saecula.*

Gozos a la Beatísima Trinidad

A este Misterio Divino
llega el amor y el temor.
¡Oh sumo Dios uno y trino,
Misericordia, Señor!

Santísima Trinidad
digna de gloria y honor,
Sabio, Omnipotente, amante
y universal Creador.

¡Oh sumo Dios, etc.

Sanctus, Sanctus, Sanctus, clama
siempre el seráfico amor:
Tres *Sanctus,* por tres personas,
y un Dios glorificador.

¡Oh sumo Dios, etc.

Es Dios Padre, sol supremo
es Dios Hijo su esplendor,
y Dios Espíritu Santo,
de uno y otro sacro ardor.

¡Oh sumo Dios, etc.

Sin este sol todo es noche,
sin esta luz todo es horror,
sin este ardor soberano,
es frialdad sin fervor.

¡Oh sumo Dios, etc.

Ingénito y Unigénito,
Divino consolador,
encended en nuestras almas
el fuego de vuestro amor.

¡Oh sumo Dios, etc.

A este misterio Divino
llega el amor y el temor.
¡Oh sumo Dios uno y trino,
Misericordia, Señor!

Trisagio para alabar a la Beatísima Trinidad

Gloria Patri, etc.

Acto de contrición

Trinidad Santísima, en esencia una, pura individua, Padre, Hijo y Espíritu Santo, único objeto de todo nuestro amor, adoración y culto; yo os adoro, creo y confieso como a Padre reconociéndoos por mi Autor, conservador y origen benéfico de mi ser; como a Hijo tributándoos las más gratas efusiones de amor y ternura por mi Redentor: como a Espíritu Santo enfervorizando mi corazón en estos incendios y anhelando unirlo con Vos, principio inagotable de caridad. Yo deseo, bien sumo, divinidad inefable y unidad incomprensible, incorporar mi voz y mis afectos entre los ardores supremos y cánticos misteriosos de los Querubines y Serafines, para celebrar el trisagio inmortal con que resuena vuestro nombre santo, terrible y adorable por toda la extensión del Empíreo.

Yo me anonado a los pies de vuestra soberana grandeza, que llena de majestad y de gloria los inmensos espacios de los cielos y la esfera de la Tierra. Yo me abismo en mi profunda nada y me humillo vergonzosamente con la improbidad de mis delitos; todo confundido y acongojado, me duelo, me arrepiento y me pesa de haber ofendido a vuestra omnipotente y amabilísima Majestad.

¡Oh Eterno Padre! Apiadaos de esta criatura formada a vuestra imagen y semejanza. ¡Oh Verbo encarnado!, rociando con vuestra Sangre esta infeliz alma envilecida toda en el pecado. ¡Oh Paráclito amoroso! Infundid en mi pecho los más activos sentimientos de la contrición para que pueda dignamente alabar vuestra unidad gloriosa e inefable Trinidad, y así pueda merecer lo que humildemente os pido: la firmeza en mi fe, la integridad en la Religión, la certeza en mi esperanza, el ardor en la caridad, la remisión de mis pecados, el logro de estas indulgencias, la paz y tranquilidad de la Iglesia y del Estado, la protección de vuestra clemencia,

que me ponga a cubierto de los males y calamidades que nos afligen, la destrucción
del cisma, del error y de la herejía, el triunfo
contra los enemigos de nuestra fe y religión,
la reunión de ellos y de los pecadores al
verdadero culto y penitencia; el descanso
de las almas del Purgatorio, vuestra gracia y
bendición. Amén.

Himno

Ya el Sol ardiente se aparta
luz perenne en la Unidad.
¡Oh Trinidad Inmortal!
En la aurora te alabamos,
a la tarde y en el día,
y pedimos que en los Cielos
nuestras voces se repitan.
Al Padre y también al Hijo,
y a Ti, Espíritu Divino,
alabanzas os sean dadas
por los siglos de los siglos. Amén.

Se reza tres veces el Gloria Patri, *etc. Luego
un* Padrenuestro glorioso *y lo siguiente:*

Oración al Padre

Santo y Santísimo Padre Eterno, centro de toda santidad, infinitamente Santo en Vos mismo, y limpio de toda la impureza de las criaturas; Santo también en todas vuestras obras, de las cuales ni una hay que no sea perfecta. Haced, ¡oh mi principio y fin mío!, que comprenda bien mi corazón la ceguedad que es, el persuadirme de que bajo un Dios tan santo y tan justo, se pueda encontrar feliz el que vive pecador.

Se dice tres veces: Santo, Santo, Santo es el Señor Dios de los ejércitos, llenos están los cielos y la tierra de la majestad de vuestra gloria.

Oración al Hijo

Santo y Santísimo Hijo de Dios, que nacéis del entendi
res

tidad con todas las fuerzas de mi espíritu, suspire solo por la luz de aquel día, en el cual, necesitado de amaros, os amaré cuanto debo.

Se repite por tres veces el Santo, Santo, Santo, etc., se reza el Padrenuestro gloriado *y lo siguiente:*

Oración al Espíritu Santo

Santo y Santísimo Espíritu de amor, don del Altísimo, centro de las dulzuras y de la felicidad del mismo Dios: qué atractivo es para un alma el verse en el abismo de vuestra bondad y toda llena de vuestras inefables consolaciones!

¡Oh!, si una sola gota de ellas es tan gustosa, cuánto más será cuando Vos mismo las derramáis como un torrente sin medida y sin ~~~~~~ ~~~~mente en el seno ~~~~~lleza,

Antífona

A Ti Dios Padre Ingénito, a Ti Hijo Unigénito, a Ti Espíritu Santo Paráclito, Santa individua Trinidad, de todo corazón te confesamos, alabamos y bendecimos; a Ti se dé la gloria por infinitos siglos de los siglos. Amén.

Bendigamos al Padre, al Hijo y al Espíritu Santo. Alabémosle y ensalcémosle por todos los siglos de los siglos. Amén.

Señor Dios trino y uno, dadnos continuamente vuestra gracia y la comunicación de Vos, para que en tiempo y eternidad os amemos y glorifiquemos, Dios Padre, Dios Hijo y Dios Espíritu Santo en una deidad por todos los siglos de los siglos. Amén.

Gozos

Dios uno y trino a quien tanto
Arcángeles, Querubines,
Ángeles y Serafines

a cuyos pies sus coronas
rinde toda inteligencia
y porque vuestra presencia
inspira el gozo y encanto.

Ángeles y Serafines, etc.

Porque sois Padre fecundo,
que gozándoos *ab eterno,*
engendráis un Hijo tierno
como fue el que vino al mundo,
con respeto el más profundo
Trinando el Cielo en su canto.

Ángeles y Serafines, etc.

Porque sois, Verbo divino,
semejante e igual al Padre,
y porque elegiste Madre
para encarnar peregrino
y elevar nuestro destino
al paraíso del encanto.

Ángeles y Serafines, etc.

de amor paterno y filial,
consolador del mortal
que yace anegado en llanto.

Ángeles y Serafines, etc.

Porque vuestra Omnipotencia
de todo el mundo admirada,
saca seres de la nada
y conserva su existencia,
reproduciendo la esencia
de los seres con espanto.

Ángeles y Serafines, etc

Es vuestra esencia infinita,
un piélago soberano,
todo un misterio y arcano,
que todo lo deposita;
y porque nada limita
vuestra luz, ¡oh numen santo!

Ángeles y Serafines, etc.

Porque sois suma bondad,
amor personalizado,
en dones inagotado,
que perdonáis la maldad;

y porque en la eternidad
en vuestro amor gozáis tanto.

Ángeles y Serafines, etc.

Porque sois por excelencia
Santo Dios, fuerte, inmortal,
líbranos de todo mal
por esta beneficencia
de tu divina clemencia
que calma nuestro quebranto.

Ángeles y Serafines, etc.

Dios uno y trino a quien tanto
Arcángeles, Querubines,
Ángeles y Serafines,
dicen Santo, Santo, Santo.

Antífona

Bendita sea la Santa e individua Trinidad que todas las cosas crea y gobierna, ahora y siempre, por infinitos siglos de los siglos. Amén.

Bendigamos al Padre y al Hijo con el Espíritu Santo.

Alabémosle y ensalcémosle por todos los siglos. Amén.

Oración

Omnipotente y sempiterno Dios, que te dignaste revelar a tus siervos en la confesión de la verdadera fe, la gloria de tu eterna Trinidad, para que adorasen la unidad en tu augusta Majestad, te rogamos, Señor, que por la firmeza de esta misma fe, nos veamos siempre libres de todas las adversidades y peligros, por Cristo Nuestro Señor. Amén.

Oración

Para implorar la misericordia de Dios en la época presente, tomada del capítulo 13 del Sagrado Libro de Ester.

Señor Dios, Rey Omnipotente, en vuestras manos están puestas todas las cosas; si queréis salvar a vuestro pueblo, nadie puede resistir a vuestra voluntad. Vos hicisteis el Cielo y la Tierra y todo cuanto en ella se contiene, Vos sois el dueño absoluto de todas las cosas; ¿quién podrá, pues, resistir a vuestra Majestad? Por tanto, Señor Dios de

Abraham, tened misericordia de vuestro pueblo, porque nuestros enemigos quieren perdernos y exterminar vuestra herencia. Así, Señor, no despreciéis esta parte que redimisteis con el precio de vuestra Sangre. Oid Señor nuestras oraciones: sed favorable a nuestra suerte; levantad el azote de vuestro justo enojo, y haced que nuestro llanto se convierta en alegría, para que alabemos vuestro Santo Nombre y lo continuemos alabando eternamente. Amén.

Se concluye con la estación mayor.

Rosario de la Beatísima Trinidad

Misericordiosísima Trinidad, Padre, Hijo y Espíritu Santo, en quien creo, en quien espero, a quien amo con todo mi corazón, cuerpo, alma, sentidos y potencias; por ser vos mi Padre, mi Señor y mi Dios infinitamente bueno y digno de ser amado sobre todas las cosas, me pesa, Trinidad Santísima, me pesa, Trinidad misericordiosísima, me pesa, Trinidad amabilísima, haberos ofendido. Sólo por ser Vos quien sois, os doy palabra de nunca más ofenderos, de morir antes que pecar.

Espero que en vuestra bondad y misericordia infinitas me perdoneis mis culpas y me deis gracia para enmendarme y perseverar en vuestro santo servicio hasta el fin de mi vida. Amén.